VERLAG
FRITZ
MOLDEN

FRANZ HUBMANN
HEIMLICHES ÖSTERREICH
VERBORGENE SCHÖNHEIT IN LANDSCHAFT UND KULTUR

EINLEITUNG VON JANKO MUSULIN

VERLAG FRITZ MOLDEN · WIEN-MÜNCHEN-ZÜRICH

1. AUFLAGE

COPYRIGHT © 1975 BY VERLAG FRITZ MOLDEN, WIEN–MÜNCHEN–ZÜRICH
ALLE RECHTE VORBEHALTEN
SCHUTZUMSCHLAG UND AUSSTATTUNG: HANS SCHAUMBERGER, WIEN
LEKTOR: LEO MAZAKARINI
TECHNISCHER BETREUER: FRANZ HANNS
SCHRIFT: CICERO GARAMOND-ANTIQUA
SATZ: FILMSATZZENTRUM DEUTSCH-WAGRAM
REPRODUKTIONEN: C. ANGERER & GÖSCHL, WIEN
DRUCK: C. & E. GROSSER, LINZ
BINDEARBEIT: WELSERMÜHL, WELS
ISBN 3-217-00631-3

INHALT

Über das eigene Land etwas auszusagen, Wesenszüge hervorzuheben, Dunkles zu erhellen, Verborgenes aufzuzeigen, gibt es einen schöneren, auszeichnenderen Auftrag? Und doch muß ich gestehen, daß ich es zunächst nicht so empfand, ja eine leise Abneigung fühlte, mich auf dieses Thema einzulassen. „Heimliches Österreich!" Was konnte das bedeuten? Ein Grinzinger Clochard, ein Kärntner Mägdelein in verspielter Bauernstub', ein Blick vom Grazer Schloßberg, der am Rand doch noch den Uhrturm mit einschließt – hätten ihn die Franzosen nur ebenfalls schleifen lassen! „Heimliches Österreich" – was in der Tat sollte damit gemeint sein, wie ein erträglicher, wie ein guter Bildband zustande kommen? Ich zögerte, fühlte Abneigung, aber auch Neigung, Widerspruch und Herausforderung. Schließlich sagte ich mir, daß ich schon bei früheren Büchern mit Franz Hubmann zusammengearbeitet hatte, und wußte, daß ihm Klischees ebenso verhaßt sind wie gewollte Originalität – die Karlskirche durch das Schlüsselloch der Technischen Hochschule, der Stephansdom, wie er sich im Wasserglas auf dem Tisch des gegenüberliegenden Kaffeehauses spiegelt, und ähnliches mehr. Franz Hubmann ist nicht nur ein überaus gebildeter Mann, er ist auch unter den Photographen wahrscheinlich der „literarischste". Das soll nicht sagen, daß seine Bilder – gefundene, gesammelte, wie eigene – Illustrationen zu literarischen Texten sind, keinesfalls; sie sind nur manchmal vollendete Umsetzungen. Ich erinnere mich noch eines unserer ersten Gespräche. Ich blätterte in einem Stoß Bilder, die er ohne viel Worte vor mir ausgebreitet hatte. Eines davon fiel mir sofort auf, ich sah es etwas genauer an, zeigte es Hubmann und fragte: „Joseph Roth?" Er nickte bestätigend. Aber es wäre sicherlich beiden schwergefallen, zu sagen, worin nun diese erstaunliche Affinität, dieses unübersehbare Zusammenströmen gelegen war.

„Heimliches Österreich" also! „Heimlich, heimlicherweise, Heimlichkeit, Heimlichtuer, Heimlichtuerei, heimlichtun, er hat immer so heimlichgetan: geheimnisvoll getan; aber: er hat es heimlich getan, ohne Wissen anderer." Soweit das Wörterbuch. Aber was war in diesem Zusammenhang davon zu halten? Eingehende Gespräche ergaben, daß sich dahinter zwar eine genaue Vorstellung verbarg, daß es aber nicht ganz leicht war, diese Vorstellung prägnant zu fassen und zu übermitteln. Denn in dieser Vorstellung war mehr enthalten, als eine bestimmte Einstellung zu den Gegebenheiten unserer Umwelt, darin war, wenn man so will, auch eine „Philosophie der Heimat" verborgen. Vielleicht ist es am einfachsten, mit dem Negativen zu beginnen, Irrtümern vorzubeugen, zu sagen, was nicht darunter verstanden werden soll: Die kokette Heimlichkeit etwa, die pausbäckige Hübschheit hinter dem Blumenstrauch, die Behaglichkeit des Alterchens im Altenteil, auch nicht allein und auf sich gestellt die Geborgenheit des alljährlich etwas entwerteten Bregenzerwaldhauses, auch nicht die „Heimlichkeit" verborgener Winkel und Ecken – ein bißchen Schilf, eine Handvoll Wasser und viel Himmel darüber –, auch nicht die Heimlichkeit des Milieus allein: Bergknappen, Volksschullehrer, Schiffer, Jäger, Sauschneider, Pendler und Hebammen! Das alles also nicht. Schon eher „heimlich" in Verbindung mit Verborgenem, Überlagertem, Freizulegendem; „heimlich" in Verbindung mit Grundierendem und Fundierendem; „heimlich" in Verbindung mit immer wiederkehrenden Mustern, die nicht ohne Bedeutung sein können: Das Bild, die Deckfarbe, auch die Leinwand, der Sockel unter der Burg, die Struktur hinter der Fassade, nicht das Wappen, sondern die Ehr'. Auch nicht das im eigentlichen Sinn Verborgene, das man nicht kennt und nicht kennen kann. Eher das, was man zu kennen meint und an dem man gerade deshalb vorbeisieht, das man über-sieht oder nicht im richtigen Zusammenhang sieht; Einzelteile, die sich ins Ornament von Geschichte und sozialem Leben, von Erlebtem und Erlittenem fügen. Vor einigen Jahren habe ich einmal einen jungen Engländer, der neu in diesem Teil der Welt war, mit einer Seilbahn hoch hinaufgenommen zu einem Gipfel, von dem aus man weit ins Land, weit in die Länder sehen konnte. Berge, Kare, Mulden, unbetretbar scheinende Kessel, die steil ins Tal fielen, durchschimmerndes Eis und freigefegte Zacken. Immer neue Ketten von Bergen wuchteten in der Ferne auf, bis ihre Rücken zartblau ineinanderflossen. Die gewaltige Szenerie verfehlte ihren Eindruck auf den Gast nicht. Er blieb eine Weile stumm, betreten, fast verlegen, und sagte dann, halb naiv, halb schon ironisch: „Und da sagt man immer, daß Österreich ein kleines Land ist!" Man hätte ihm andere Punkte zeigen können, die diesen Eindruck noch verstärkt hätten. Man hätte mit ihm vom Leithagebirge in die von erster Dämmerung berührte pannonische Tiefebene blicken können, hätte mit ihm am Ufer jenes großen Steppensees spazieren können, der einst bis ins Gebiet des heutigen Wien reichte, hätte mit ihm die harte Verlassenheit des Waldviertels und die mildere, reicher gegliederte des Mühlviertels aufnehmen können, die rustikale Belebtheit Kärntner Berge und die karge Schönheit früher Rebenhänge entlang der Donau; hätte ihm zeigen können, wie dort, wo man die Erinnerung ans Gebirge schon hinter sich meinte, die Karawanken gewaltig aus dem Zollfeld aufsteigen.

Aber gibt es in all dem etwas Gemeinsames, ein Leitmotiv, etwas Zusammenfassendes? Gibt es eine österreichische Landschaft, oder gibt es nur österreichische Landschaften? Und was wäre das Verbindende? Die Luft: belebter, verbindender, weniger glasklar als die der Schweiz? Das Licht: modellierend, ausfüllend, einfließend, nuancierend? Oder ist es die Verbindung von Landschaft und Mensch, die Art, wie Häuser in die Gegend gestellt werden, wie Vierkanthöfe ohne Dramatik Besitz ergreifen, wie kleine rosa und gelb gefärbte Bauernhäuser um Sympathie werben? Ist es der heimliche Wunsch nach Ausgleich, nach Versöhnung, nach der von „Gemüt" abgeleiteten Lebensform der „Gemütlichkeit", die Tiefebene und Berg, Hügel- und Seelandschaft verbinden? Sei dem wie immer, es gibt Augenblicke – wer kennt sie nicht? – in denen einem der österreichische Charakter einer Landschaft mit beinahe schmerzhafter Intensität bewußt wird. Denn es sind meist nicht die hellen, fröhlichen Augenblicke, in denen man diese Erkenntnis urplötzlich gewinnt. Gewiß gibt es auch sie, etwa im Salzkammergut, wo die Dramatik der Natur etwas außerordentlich Humanes angenommen hat. Oft aber sind es die Dämmerstunden, die einen für's Erkennen anfällig machen, eine bestimmte Art, in der sich Felder verbinden, Hügel ineinanderschieben, Berge anheben und es wieder sein lassen, in der sich bestelltes Land vor einem ausbreitet, die Art, wie über einen einsamen Hof im Marchfeld

Regenwolken hinwegziehen. Ist das Entdek-
ken, Erkennen und Einordnen im allgemeinen
freudig betont, so stellt sich die Frage, woher
hier die leise Trauer kommt, der leise Schmerz
im Erkennen, das unentrinnbar Melancholi-
sche solcher Stunden. Wird es von einem
letzten, fernen Ahnen um Untergegangenes
grundiert, das in Unterzugehendes übergeht?
Spielt Erinnerung an slawische Bauern, kelti-
sche Handwerker, an römische Soldaten und
Mithras-Priester mit? Ist da etwas von der so
gründlich verdrängten Trauer des evangeli-
schen Österreich spürbar? Formt hier die im
Barock so glanzvoll übertünchte Türkenfurcht
als Beispiel einer Welt- und Lebensangst mit,
oder ist es mehr der Kummer um die verlorenen Brüder, denen man nicht mit genug Verständnis, nicht mit genug Liebe und Zartsinn
gegenübergetreten ist?

„Mich rührt so sehr,
Böhmisches Volkes Weise
Schleicht sie ins Herz sich leise
macht sie es schwer“,

schrieb Rilke, und in einem seltsam verwand-
ten Ton Karl Kraus in seinem „Slowenischen
Leierkasten:“

„Das ist die wehe Wunde
des guten Volkes Leid.
Erkennungsmal des Herzen
in angstgebundener Zeit.
O armer Schall der Schmerzen
um eine Heimatstunde!“

Dort, wo es um Architektur geht, um Häuser,
Plätze, Fassaden, Türme, Herrensitze und
Höfe, ist man auf etwas gesicherterem Grund.

Gewiß gibt es Stile und zeitgebundene Bau-
weisen, die überall in Europa ähnliche Aufgaben ähnlich lösten bis zum Grundriß, zum
schmückenden Ornament, zur Gestaltung von
Tor und Giebel. Aber die landschaftlichen
Unterschiede sind nicht zu übersehen, und
dort, wo sich Bau-Herren und Bau-Meister
der prägenden Kraft der Mode widersetzten,
tritt das Eigene, Charakteristische deutlich
und unverkennbar zutage. In Österreich ist
dies besonders leicht zu beobachten, haben
doch die Habsburger nicht nur hier, sondern
etwa auch in Spanien und Böhmen gebaut.
War ihren Bauten dort etwas Trotzig-Düste-
res, aber auch Großartig-Visionäres eigen, so
blieb in Österreich, bei aller Freude an Pracht,
Prunk und froher Entfaltung, Maß und
Menschlichkeit, menschliches Maß erhalten,
wie ein Vergleich des Hradschins und des
Escorials, dieses „endlosen Klosters Philipps
II.“, dieser „in einem Granitblock verpackten
Chinesischen Mauer“, mit der Wiener Hofburg oder den Residenzen in Graz und Innsbruck zeigt. Aber auch der Vergleich mit
französischen Bauwerken läßt einen zum sel-
ben Schluß kommen. Im Vergleich mit Ver-
sailles scheint Schönbrunn einfach, vielleicht
sogar hausbacken, aber auch heiter,
beschwingt, schwerelos. Hier wächst das
Ornamentale nicht bis an den Randbereich des
Barbarischen, stellt sich jenes leise Gefühl von
Überdruß nicht ein, wird Schönheit und
Prunk nicht so gesteigert, daß der Übergang
zu Zerstörung und Verwüstung – Louvois in
der Pfalz – nicht mehr ganz unverständlich
erscheint.
Hier, in Österreich, begann die Entwick-
lung nicht im Niemandsland der Vision, in der
paranoiden Vorstellung eigener Größe, eige-

nen Berufen-Seins, sie begann stets mit dem Kleinen, mit Haus und Hof etwa, führte von dort zum Übergeordneten, Höheren, und vom Übergeordnet-Höheren oft genug zum Kleinen zurück. Vom berühmten Prandtauer, dem Erbauer von Melk, stammt der Entwurf eines Hofes, der noch heute, freilich kaum beachtet, in der Nähe St. Pöltens steht.

Die Betrachtungsweise Hubmanns paßt sich diesem Schema, diesem Wechsel, dieser Verbundenheit an. Sie wirft Licht auf Einzelheiten, arbeitet sie liebevoll heraus, zeigt großes Verständnis fürs Detail, in dem oft genug schon der Bauplan für Größeres zu entdecken ist. Da gibt es die Kamine von Ambras, die eine spielerische Freude an Variationen zeigen; die Kärntner Stadeln mit der einfachen Ornamentik ihrer „Luftgitter", auf die das oft mißbrauchte Wort „Volkskunst" einmal zutrifft, die Art, in der ein Turm ohne viel Umschweife und geradeheraus mitten auf den Platz gestellt wird oder, etwa in Hadersdorf am Kamp, das Zusammenfügen homogener Fassaden zu einem Platz, einem Marktplatz, aus dem sich andere Plätze, Städte entwickeln ließen.
Man hat von den Profanbauten der großen Zeiten Österreichs gesagt, sie seien nie so überdimensional und in der Anlage so verwegen konzipiert gewesen, daß man sich nicht vorstellen könnte, dort habe eine Familie gelebt, waren Kinder geboren und aufgewachsen, kurz, daß Menschen dort „zu Hause" gewesen wären. Wie aber steht es um diese Menschen, um diese Bewohner von Schlössern und Bauernhäusern, von Dörfern, Märkten und Großsiedlungen?
Geht man von Abstammung, von Herkunft,

Blutlinien, von Familientradition und Familienreligion aus, nimmt man dieses schwäbisch-alemannische-markomannisch-bajuwarische-keltisch-römisch-slawische, dieses böhmisch-hussitische-cisleithanisch-transleithanische, dieses transilvanisch-calvinistische, bosnisch-magyarische, überaus katholische Amalgam mit seinen spanischen, burgundischen, langobardisch-lombardischen, ruthenisch und savoyardischen Lazurlichtern (in Wien müßte es zehnsprachige Ortstafeln geben) als Grundlage, so scheint die Möglichkeit, solche Vielfalt in den Griff zu bekommen und ihr einigermaßen gerecht zu werden, nicht allzu groß. Die Erfahrung zeigt freilich ein anderes. So ist mir in New York, wo ich eine Zeitlang lebte, aufgefallen, daß man im Gedränge, in der U-Bahn, im Foyer des Theaters oder in Restaurants Menschen bemerkt, die unverkennbar „österreichisch" aussehen. Wenn sich die Gelegenheit ergab, habe ich den Kontakt gesucht, sie angesprochen und mich niemals geirrt; es ist etwas Unverkennbares. „Sie kommen aus Österreich?" Die also Apostrophierten, erstaunt, erfreut, manchmal freilich auch ein wenig mißtrauisch oder abwehrbereit, wollten stets wissen, woher ich das wüßte. „Sie sehen so aus" sagte ich freimütig. „Man sieht's Ihnen eben an!" „Aber woran liegt es?" erkundigte sich einer. „An der Stirn, den Augen, den Haaren, an der Art, wie man sich bewegt?" und er fügte resigniert hinzu: „Schließlich lebe ich jetzt schon über zwanzig Jahre in New York, bin in dieser Stadt ansässig, zu Hause!" Nein, nicht an der Stirn, nicht an den Haaren, nicht an den Augen, auch nicht an der Art sich zu bewegen!
Ja, woran denn? Nun, eben am Österreichischen! Aber wie läßt sich das, was einem in der

Fremde so deutlich wird, denn definieren? Ich weiß es nicht – und ich glaube, auch Franz Hubmann weiß es nicht. Er ist auch weder so naiv noch so ehrgeizig, sich an eine Topographie des österreichischen Antlitzes zu wagen; er will überhaupt nichts End-Gültiges, höchstens etwas Anfang-Gültiges aussagen: Möglichkeiten, Ansatzpunkte, Entwürfe, Entwicklungen österreichischen Seins.

Nirgends wird dies so klar wie in dem Kapitel „Frauen". Lassen sich nicht in der Tat gewisse Züge durch die Jahrhunderte verfolgen? Wer ohne besondere Absicht durch Wiener Neustadt schlendert (sich dabei vielleicht daran erinnert, daß die erste Siedlung von dem Lösegeld erbaut wurde, das Richard Löwenherz entrichtet hat), sich ins Neukloster verirrt und hinter den barocken Hochaltar gerät, wird dort mit einer Frauenfigur konfrontiert, der, einen gewissen Lichteinfall vorausgesetzt, erstaunliche Lebendigkeit innewohnt: Es ist Eleonore von Portugal, die Gemahlin Kaiser Friedrichs III., dieses „zögernden, tatenscheuen" Fürsten, der aber die meisten seiner Gegner überlebte, ergo über sie triumphierte. Aber es ist nicht die Geschichte, die einen hier vorerst interessiert, es ist die Person, diese Frau ... man meint die Wärme dieser Haut zu spüren, das Knistern des Haares ... ein schönes, freies Gesicht; nur der schmale, verschlossene Mund zeigt, daß sie von Leid, und wie man es zu tragen hatte, wußte.

Und es ist vom Persönlichen her, daß man nach der Historie fragt. Wie war es, wenn man aus den hellen, meeresnahen portugiesischen Residenzen in die grauen Töne des österreichischen Winters kam? Wenn einen die Bevölke-

rung Wiens, als man fliehen mußte, verspottete, als die Gepäckswagen geplündert wurden; wenn Kinder krank wurden, fieberten und starben – nur Maximilian und Kunigunde blieben am Leben! Und wie ist Eleonore mit ihrem Gemahl, dem Kaiser, von dessen Macht und Herrlichkeit sie geträumt hatte, zurechtgekommen, mit diesem strengen, zögernden, sehr nach innen gewandten Mann, dessen Portrait man in Heiligenbildern wiedererkennen kann? Hat sie seine Vorliebe für Magie, Okkultismus und Astrologie geteilt, seine Einmischungen in Haus und Küche ohne Ärger hingenommen, hat sie mit ihm unerschütterlich an die Mission der Habsburger geglaubt? Einem Geschlecht, das damals am Ende seiner Laufbahn angekommen schien. Es war eine Zeit von Mißgeschicken, verlorenen Schlachten, finanzieller Misere, verlorener Reiche ... Konstantinopel war gefallen, eine Ahnung von Untergang erfüllte die Menschen, ein Geruch nach „Blut und Rosen" breitete sich aus. Ahnte sie dennoch, daß das eigentliche, große Abenteuer dieses Hauses erst mit Maximilian beginnen sollte, auf dessen blondem Haar ihre Hand gern ruhte? Hat ihr das Festigkeit verliehen, die Bitterkeit des Mundes gemildert, ihr dazu verholfen, die warme, südländische Anmut in die Schönheit einer reifen Frau zu verwandeln?

Nicht, daß mit Maximilian, der die Tochter Karls des Kühnen, Charles Le Temeraires, heiratete und das burgundische Erbe einbrachte, die Krisen und Fährnisse ein Ende genommen hätten; es war nur etwas Weltweites in sie gekommen, etwas Globales in die Auseinandersetzungen, die es zu bestehen galt. Es ist im Grunde zwar eine große, aber keine stete, glückliche Geschichte gewesen, die dieses Land von einem abgewehrten Untergang zum anderen erfahren hat.

Nur nach der siegreichen Beendigung der Türkenkriege gab es einen Augenblick des Aufatmens, Frohlockens, der Entspannung – damals hätte niemand angenommen, daß man nur hundert Jahre später wieder um Leben und Freiheit kämpfen würde. In diesem Augenblick des Aufatmens und Frohlockens kam die heitere Sinnlichkeit zum Durchbruch, voll einzuatmen, voll auszuatmen; sich zu freuen und zu genießen, lag im Sinn der Zeit. Selbst auf dem Antlitz der Madonnen lag ein weltlicher, um nicht zu sagen leichtfertiger Zug, und wer sich freier geben wollte, löste sich von religiösen Themen, berief sich auf die Antike, rief Äschylos, Euripides oder Ovid zum Zeugen. Die Figur der Atalante im Vestibül von Eckartsau, aber auch die Gestalten von Daphne und Apoll, sie stammen von Lorenzo Mattielli, im großen Saal des Schlosses sind Beispiele solcher unbeschwerten, heiteren Sinnlichkeit: Körper, hinreißend im Schweben, Sich-Erheben und Aufsteigen, ordinären Gedanken an bäuerliche Himmelbetten oder aristokratische Alkoven ebenso entzogen wie der Verklärung oder entrückenden Stilisierung. Wie gesagt: ein seltener Augenblick, in dem der Dualismus überwunden, himmlische und irdische Liebe versöhnt schienen. Nirgends ist dieser Triumph großartiger dargestellt als in der Stiftskirche zu den Heiligen Petrus und Paulus in Melk, in der sich Architektur, in der sich die Farbtöne von Rot und Gold, in der sich Licht, Plastik und Malerei zu einem einzigen Ausbruch der Freude verdichten. Ansonsten ist in diesen Frauenzügen meist ein „Mater-dolorosa"-Element spürbar, Leiderfahrung, religiös sublimiert wie in Michael

Pachers Hochaltar von St. Wolfgang, durch die Kraft der Renaissance gebändigt wie bei Margareta von Sandizell, Frau des Wilhelm von Zelking, der Schloß und Schloßkapelle von Sierndorf erbaut hatte, oder in Haltung und Dahinschreiten integriert wie bei Elisabeth, der Gemahlin Albrechts I., Tochter des Grafen Meinhard von Tirol, die zu den Figuren gehört, die in der Innsbrucker Hofkirche das Grabdenkmal Maximilians I. säumen – sie hat ihrem Mann zwanzig Kinder geboren.

Vergleicht man die Züge der Frauen mit denen der Männer, so fällt auf, daß den Frauen mehr gemeinsam zu sein scheint. Man muß aber bedenken, daß sich ihr Schicksal aus weniger und ähnlicheren Elementen zusammengefügt hat: Erziehung, häusliche Arbeit, Heirat und Kindersegen, bei den hochgestellten die Pflichten der Repräsentation. Ein Leben wie das Margaretes von Österreich, die Königin von Frankreich und Regentin der Niederlande war, die „Liga von Cambrais" vermittelte und die Kinder Philipps des Schönen, Karl und Ferdinand, erzog, ist eine der großen Ausnahmen, nicht die Regel. Erzeugt bei den Männern der Reichtum an Themen, Erfahrungen und Aufgaben eine größere Vielfalt der Züge, blickt man der Welt zufrieden, habgierig, listig, dummdreist, verschlagen, verfressen, geistreich, sinnlich abgeklärt, stupide, ängstlich, tollpatschig oder wagemutig ins Antlitz, so engt sich diese Variationsbreite in dem Augenblick ein, wo man die Themenwahl einengt. Nicht in dem Maß vielleicht, wie es uns die Tiroler Hausmalerei vermuten ließe, denn in dieser Darstellung des eigenen Lebens hat man sicherlich archetypisch selektiert. Aber die Jäger- und Bauernzüge sind breit ausgewählt, da ist man nicht geschmäcklerisch vorgegangen, und zu den Engeln, Aposteln und Heiligen sind sicherlich die Kinder, Männer und Greise des Landes Modell gesessen ... Besonders bei den Engeln entdeckt man manchmal einen Ausdruck fassungslosen Staunens oder schelmischer Freude, der einen ganz unmittelbar an das Kind der Nachbarsfrau denken läßt.

Wer uns bisher mit Interesse, vielleicht gar Sympathie folgen konnte, wird sich vielleicht fragen, warum den Grabmälern der Geschichte so viel Platz eingeräumt wird, warum wir uns mit diesem Thema, das Totenkult und Totenbestattung umfaßt, so eingehend beschäftigen. Gewiß ist die Totengesellschaft des alten Europa ein merkwürdiges Phänomen. Wir denken an das Neukloster in Wiener Neustadt, an St. Stephan in Wien, an Worms und Speyer, an Nancy, Reims und Chartres, an die Westminster Abbey, an Verona und das Baptisterium von Pisa und, nicht zuletzt, an die herrliche burgundische Abtei von Brou, wo Margarete von Österreich im Kreise der Ihren die letzte Ruhe fand. Auffallend, wie sich hier Frömmigkeit mit Wirklichkeitsnähe findet, wie unbarmherzig dieses oder jenes Portrait gemeißelt ist, wie sich Detailbeobachtung mit Ergriffenheit verbindet – da ragt ein Fuß aus dem Gewand, mit allen Schwächen, die Füße eben haben können, kauert sich ein Hündchen; doch Haupt und Krone verbinden sich auf durchaus sakrale Weise. Hätte hier nicht das eine oder andere Bild genügt? Mußte man uns wirklich all die Tumbadeckel zeigen (die „Tumba" ist ein steinerner Überbau, der das eigentliche Grab schützt, die Grabplatte trägt; oft ruht auf ihr die Gestalt des Verstorbenen), uns in die Grabkirchen führen, in die Kapuzinergruft hinabnötigen, zu dem Ausflug nach Klein-Wetzdorf überreden und zum Schluß noch auf den Wiener Zentralfriedhof bitten?

Dazu ist nun in der Tat vieles zu sagen! Und es genügt keinesfalls, darauf hinzuweisen, wie beharrlich, wie tief im Kern des Wesens gebettet alle Sitten sind, die mit der Bestattung der Toten zu tun haben. Der erste bajuwarische Siedlungsstoß etwa, der über das Saalachtal den Pinzgau erreichte, ist bis in die Gegend des kleinen Ortes Maishofen vor Zell am See gekommen; bis dahin reicht in der bäuerlichen Bevölkerung auch heute noch die Sitte der „Leichenbretter", Bretter also, auf denen der verstorbene Bauer zu Grab getragen wird und die hernach, mit Namen und Daten versehen, an die Scheune genagelt werden. Bis Maishofen und nicht weiter, südlich davon ist kein einziges Leichenbrett mehr zu sehen! Nein, es ist keinesfalls der tiefe Konservatismus des Totenkultes allein, der dieses Thema zu einem wichtigen, entscheidenden macht. Denn die den Österreichern oft nachgerühmte phäakenhafte Leichtigkeit, die weinselige Bereitschaft, ganz dem Augenblick zu leben, die frivole Leichtigkeit, den Ernst des Lebens beiseite zu schieben, all das liegt recht an der Oberfläche, verdeckt das Tieferliegende, mit dem es auf manche Weise doch zusammenhängt. Das Tieferliegende aber ist die Beschäftigung mit dem Tod, das Bedenken des Todes, die Auseinandersetzung mit dem Tod. Sie ist immer gegenwärtig, durchzieht die Jahrhundertwende, ist, seit der Melker Totenklage, das große Thema der österreichischen Literatur. Ist es da verwunderlich, daß man dieses Thema nicht immer leicht erträgt, daß man sich der Auseinandersetzung zu entziehen versucht, daß man beim Becher Trost und Entkommen sucht? Es bricht freilich immer wieder durch, selbst in die als fröhlich geltenden Lieder schleicht es sich ein: „Es wird ein Wein sein/und wir wer'n nimmer sein . . ." Ist es also verwunderlich, daß ausgerechnet ein höchst liederlicher Geselle fast zum Nationalhelden wurde, jedenfalls ein hohes Maß an Popularität erreichte – wir meinen den „lieben Augustin". Was ist eigentlich so „lieb" an diesem unmäßigen Zecher, der volltrunken in die Pestgrube gefallen ist, dort seinen Rausch ausschlief und überlebte? „Lieb", das ist ein kennzeichnendes, ein euphemistisches Wort, das man wichtigen Figuren, die mahnend, befürwortend und richtend in unserem Leben stehen, voransetzt: „Unser lieber Vater . . ." „unsere liebe Jungfrau Maria" bis hinaus zum „lieben Gott". Dem lieben Augustin war es gelungen, dem Tod ein Schnippchen zu schlagen, sich vorbeizumogeln. Könnte er uns nicht das Rezept verraten, uns zumindest helfen, wenn es um ein wenig Aufschub geht? Hilf, lieber Augustin, hilf!

Auch bei Hofmannsthal geht es oft um Aufschub, auch bei ihm soll dem Tod etwas abgerungen werden; nur daß er das Thema aus der Sphäre der Liederlichkeit heraushebt, die Verpflichtung dem Leben gegenüber hervorhebt, an dem man nicht vorbeileben darf, das man lieben soll. „Ich habe viel erlebt," sagt die Großmutter in „Der Weiße Fächer". „Ich weiß, daß der Tod immer da ist. Immer geht er um uns herum, wenn man ihn auch nicht sieht; irgendwo steht er im Schatten und wartet und erdrückt einen kleinen Vogel oder bricht ein welkes Blatt vom Baum. Ich habe fürchterliche Dinge gesehen. Aber nach alledem habe ich das Leben lieb, immer lieber. Ich fühle es jetzt selbst dort, wo ich es früher nicht gefühlt habe, in den Steinen am Boden, in den großen, schwerfälligen Rindern mit ihren guten Augen . . ." Claudio aus „Der Tor und der Tod" vertritt das andere Extrem, hat das Leben nie akzeptiert, hat „von allen lieben Lippen den wahren Trunk des Lebens nie gesogen . . .", ist nie „von wahrem Schmerz durchschüttert, die Straßen einsam, schluchzend nie gezogen . . ." Hofmannsthal hat es später ganz nüchtern so festgehalten: „Man darf nicht zuschauen, man wird krank an dem, was man nicht gelebt hat." Im „Jedermann" variiert er noch einmal das Thema; auch Jedermann begehrt Aufschub, nimmt gegen den Tod, der ihm gerade erklärt hat: „ich scheu keinen Mann, tret' jeglichen an und verschone keinen", Stellung:

„Gottes Blut! Das ist kein ehrlich Spiel,
Damit erwirbst dir Ruhm nicht viel.
Denn daß ich's nur sag, bin nit so weit.
Hätt ich für mich so zehn, zwölf Jahr,
Ich wollt es in Ordnung han,
Daß keine Furcht mich ginget an.
Das wollt ich, so steh Gott mir bei.
Drum aus Gottes Gnaden laß mich hier,
Daß ich das Ding zur Ordnung führ."

Aber der Tod erweist sich als hartherzig, „hie hilft kein Weinen und kein Beten", und nun schmelzen die zehn, zwölf Jahre rasch zusammen:

„Nur einen Tag!
Nur diese Nacht bis Sonnenaufgang!"

Hofmannsthal war dabei keinesfalls der einzige, der sich zu dieser Zeit mit dem ur-österreichischen Thema befaßte; im Gegenteil, als das alte Reich sich auflöste, hat es sich noch einmal mächtig entfaltet. In Kafkas Werk ist es ebenso spürbar wie in dem Trakls; nicht zuletzt spielte es in den Arbeiten und Gedanken jener Dichter eine Rolle, die, zusammen mit Hofmannsthal, das literarische Dreigestirn formten, das die Szene in Wien so lange beherrscht hat. Arthur Schnitzler hat die Stimmung festgehalten, an die man sich erinnern muß, will man diese Präokkupation verstehen: „Eine Ahnung von dem Ende ihrer Welt wird sie umwehen . . . denn das Ende ihrer Welt ist nahe." Aber es war der dritte im Bunde, Richard Beer-Hofmann, der sich leidvoller und langwieriger in diese Frage verstrickt hat. In dem berühmten „Schlaflied für Mirjam", 1897 geschrieben, schienen sich Lösung und Versöhnung abzuzeichnen. Die vierte, letzte Strophe lautet:

„Schläfst du, Mirjam? – Mirjam, mein Kind,
Ufer nur sind wir, und tief in uns rinnt
Blut von Gewesenen – zu Kommenden rollt's,
Blut unsrer Väter, voll Unruh und Stolz.
In uns sind alle. Wer fühlt sich allein?
Du bist ihr Leben – ihr Leben ist dein –
Mirjam, mein Leben, mein Kind – schlaf ein!"

Und um Versöhnung blieb Beer-Hofmann auch nach dieser Zeit bemüht, nur daß sich ihm früh das Problem des individuellen Todes mit dem Sterben oder Überleben des jüdischen Volkes verknüpfte, um dessen Existenz ihn eine prophetische Sorge erfüllte, in der sich die Erinnerung an vergangene und kommende Kränkung verband. „Man darf vermuten", schreibt Martin Buber dazu, „daß hier etwas zum Ausdruck kommt, wovon Beer-Hofmann zu jener Zeit tief betroffen war: Die Einsicht, wie sehr in ‚Unruh und Stolz' des Väterblutes

sich die Erfahrung dessen gemischt hat, was den Vätern an Leib und Seele zugefügt worden ist, unter den Augen Gottes zugefügt worden ist." Und Buber fährt fort: „Hier, meine ich, setzt auf dem Weg des Dichters das große Suchen nach dem Sinn ein. Von diesem Suchen aus erschließt sich uns die nun erfolgende Rückwendung Beer-Hofmanns, die für sein späteres Werk von entscheidender Bedeutung ist. Rückwendung nicht als bloße Wiederaufnahme des Ahnenthemas (Schlaflied für Mirjam), wie es scheinen möchte. Dies wird nur zu einem Rahmen, in dem uns, jetzt erst, ein Bild, das Bild entgegentritt, das sinnerfüllte Bild eines Israels, das, um . . . Gottes Willen als sein Zeuge leidet, aus diesem seinen Leiden zum ‚Licht der Völker' wird und den Volkstod überwindet. Auf diesem Felsengrund wollte Beer-Hofmann die David-Trilogie erbauen . . ." Von ihr ist nur das Vorspiel und der erste Teil abgeschlossen worden, von der letzten, reifsten Antwort Beer-Hofmanns wissen wir also kaum etwas.

Um letzte Versöhnung waren alle Dichter des literarischen Dreigespanns bemüht, die größte Rolle hat sie im Leben und Werk Hofmannsthals gespielt, dessen erste drei „Gesänge" sich wie ein Kranz um das Todesthema legen – es war eine Jugend-Präokkupation; später, als er selbst dem Tode näher war, ist er nicht mehr eingehend darauf zurückgekommen, es war alles schon gesagt. Raimund von Hofmannsthal, der Sohn des Dichters, schien etwas davon geerbt zu haben. Er sagte einmal: „Als Kind konnte ich nicht verstehen, daß Leute, die über fünfzig waren, noch lachten – wo sie doch so bald sterben würden!"

Das Verlangen nach Ausgleich, Erklärung,

Versöhnung zieht sich durch die ganze österreichische Literatur. Erst Elias Canetti hat radikal damit gebrochen. Ihm ist der Tod kein „großer Gott der Seele", vielmehr der Alles-Verderber, der Erzeuger des Gemeinen und Niedrigen – kein Leben kann so schlecht gewesen sein, als daß es mit dem Tode bestraft werden sollte.

Doch zurück zu den Bildern, dem Bildhaften, Darstellbaren! Zurück zur Tumba Rudolfs IV., des Domstifters von St. Stephan, ein Hauptwerk der Wiener Bauhüttenplastik; zurück zum mächtigen Grabmal Friedrichs III., ein Werk des Nikolaus Gerhaert van Leyden, dem auch die Tumbafigur seiner Gemahlin, Eleonore von Portugal, zugeschrieben wird; zurück zu den Figuren in der Innsbrucker Hofburg, der Wallfahrtskirche von Maria Laach am Jauerling mit dem schönen Freigrab des Johann Georg Freiherrn von Kuefstein, das Alexander Colin 1607 geschaffen hat; zurück zu den Gewölben der Wiener Kapuzinergruft, in die Hitler, auf der Suche nach einem Geschenk, das dem französischen Nationalgefühl schmeicheln würde, einbrach, zurück auf den Wiener Zentralfriedhof, eine der größten Gräbersiedlungen dieser Welt! Lassen sich hier Illustrationen zu dem großen Thema entdecken, das Ringen um Versöhnung, Erklärung und letzte Harmonie aufzeigen? Ja und nein. Gewiß sind alle Symbole, die man auf einen Friedhof antrifft, vom einfachen Kreuz angefangen, Symbole der Tröstung und Versöhnung, Versprechen, daß der arme Sünder schließlich doch Aufnahme finden wird. Aber zugleich findet auf allen diesen Stätten eine robuste Demonstration Diesseitigens statt; nicht nur der Tod, auch das Leben ist hier vertreten, so daß die Geschichte der beiden armen Juden, die vom Glanz der Rotschildschen Gruft geblendet lange Zeit still dastanden, bis der eine sagte: „De Leut, de leb'n!" nicht ohne philosophische Tiefe ist. Gehen die Hinterbliebenen nicht in der Tat so vor, als ob das Leben hier fortgesetzt würde? Ist die adelige Familiengruft nicht ein kleines Palais mit Nebenräumen in geweihter Erde, setzt der Soldatenfriedhof nicht eine maria-theresienkreuz-ordnungsmäßige Transzendenz voraus? Wird mit anderen Worten nicht das Sozialgefüge auf den letzten Ruhestätten in minuziöser Weise rekonstruiert? Und doch muß man auch hier vorsichtig sein, vermischt sich ja auch da Diesseitiges mit Jenseitigem. Jahrtausendealt und nie völlig überwunden etwa das Gefühl, die Pracht und Großartigkeit der Grabstätte könnte den Übergang erleichtern, die Aufnahme sichern, der also Dargebotene könne weder vergessen noch zurückgewiesen werden. In der Erbauung der Pyramiden hat man ein ganzes Land solcher Vorstellungen dienstbar gemacht.

„Heimliches Österreich" – sind wir dem Titel gerecht worden? Haben wir Dunkles erhellt, Vergessenes ins Gedächtnis gerufen, Über-Sehenes sichtbar gemacht? Wäre das Buch auf Vollständigkeit angelegt, die Antwort fiele leicht. So aber hängt die Beurteilung davon ab, ob wir angeregt, ob wir nachdenklich gemacht, ob wir zur Erforschung verborgener Zusammenhänge angeregt haben. Mit anderen Worten: nicht die Fragen, die wir beantworteten, sondern die Fragen, die wir angeregt haben, sind unser Maß.

Vorhergehende Seite: Blick aus dem Flugzeugfenster
auf die österreichischen Alpen mit dem Dachstein

Bauernland bei St. Pölten, Niederösterreich

Der Tribulaun, von Navis aus gesehen, Tirol
Folgende Doppelseite: Blick von der Kaisereiche am Leithagebirge auf den Neusiedler See
und die pannonische Tiefebene. Burgenland

Mühlviertler Bauernhof bei Freistadt, Oberösterreich

Findlinge im Wald von Rappottenstein im Waldviertel, Niederösterreich

Die Karawanken. Blick von den Höhen bei St. Veit an der Glan, Kärnten

Weinberge bei Hainburg, Niederösterreich

Der Bodensee, Vorarlberg

ALTE STÄDTE, ALTE PLÄTZE

„Lintz ist die Haubt-statt in ober-oesterreich,
ist zwahr klein aber lustig und wohl Erbaut,
Hat Einin schenen großen blaz, darauff Zway
fontanen oder springbronnen von weißem
marmolstein zu sechen, unnd in der höche Ein
ansehnlich Kayserlich schloß, mit Zwen
Steckh um höffen, allda die landtfürsten wan
sie dahin kommen, ihre hoffhaltung gehal-
ten . . . Es werden auch Sechs Clöster allda
gesehen . . . kunstreiche seidenbledel (Seiten-
altarblätter) von Welschen auch Teitschen
Künstlern . . . schene balläst . . .“

Franz Ferdinand Ertinga, 1690

Stadtplatz in Steyr mit Leopoldibrunnen, Oberösterreich
Rechts: Gotische Arkaden im Hof eines Bürgerhauses am Stadtplatz von Steyr, Oberösterreich

Marktbrunnen mit hl. Stefan, 1658, in Obernberg am Inn.
Dahinter die Rokokofassaden des Woerndle- und Apothekerhauses. Oberösterreich

33   Obernberg am Inn, Marktplatz, Oberösterreich

Retz, Hauptplatz mit Stadtturm und Dreifaltigkeitssäule, Niederösterreich

Waidhofen an der Ybbs, Oberer Stadtplatz mit Mariensäule und Stadtturm, Niederösterreich

Rechte Seite: Alte Häuser in der
Freistadt Rust, Burgenland
Linke Seite: Alte Häuser in Hadersd
am Kamp, Niederösterreich

Retz, Sgraffitohaus und Pranger, Niederösterreich

Der Kornplatz in Langenlois, Niederösterreich

Oben: Greißlerei in Sitzenhart, Niederösterreich – Greißlerei in Melk, Niederösterreich
Unten: Kaufmann in Sitzendorf, Niederösterreich – Gemeindeamt und Raiffeisenkasse in Wullersdorf, Niederösterreich
Rechts: Bürgerhäuser am Hauptplatz in Freistadt, Oberösterreich

40

Links: Freistadt:
Das 1483 bis 1485
von Mathes
Klayndl errichtete
Böhmertor,
Oberösterreich
Rechts: Freistadt:
Der Burgfried des
Schlosses (1363 bis
1397),
Oberösterreich

Renaissanceportal in Steyr: Stadtplatz (links), Gleinker Gasse (rechts), Oberösterreich

Enns: Der Hauptplatz, vom Stadtturm aus gesehen
Rechts: Blick auf den 1554 bis 1568 als Glocken- und Wachtturm errichteten Stadtturm, Oberösterreich

49 Wels: Der Stadtplatz mit Ledererturm (heutige Gestalt 1618) und Stadtbrunnen (1593), Oberösterreich
Linke Seite oben: Der untere Torturm mit Wappenfresken in Vöcklabruck, Oberösterreich
Linke Seite unten: Timelkam, der Mautturm (1608 bis 1610), Oberösterreich

Die „Silberzeile"
am Oberen
Stadtplatz in
Schärding am Inn,
Bürgerhäuser
mit spätbarocken
Giebeln,
Oberösterreich

Laubengänge aus dem 14. und 15. Jahrhundert am Hauptplatz von Wiener Neustadt, Niederösterreich
Rechts: Das Wienertor in Hainburg an der Donau zählt zu den schönsten erhaltenen Stadttoren aus dem 13. Jahrhundert und ist nur mit jenen in Capua und Carcassonne vergleichbar. Niederösterreich

Blick auf den Schürerplatz in Stein an der Donau. Links der Passauerhof mit rundbogigen Zinnen aus dem 16. Jahrhundert.
Rechts der Fischerturm aus dem 17. Jahrhundert. Niederösterreich
Rechts: Blick vom Turm der Pfarrkirche auf den Rathausplatz in Stein an der Donau, Niederösterreich

Die Brunnenlaube (1668) in Vordernberg, einem der ältesten Zentren der Eisenerzeugung. Steiermark

56

St. Veit an der Glan, Blick durch das Gitterwerk des Florianibrunnens (1667)
auf die Fassade des Rathauses am Stadtplatz, dem schönsten Platz Kärntens

Dächer der Altstadt und Blick auf das Palais Attems in Graz, Steiermark

58

Das für Pankraz Kornmeß 1499 bis 1505 errichtete Kornmesserhaus, Bruck an der Mur, Steiermark

Apotheke zum Goldenen Löwen, aus der ersten Hälfte des 18. Jahrhunderts, St. Pölten, Niederösterreich

Das Rathaus in St. Pölten. Auf den Renaissancebau wurde im 17. und 18. Jahrhundert
ein achteckiger Turm und ein barockes Obergeschoß aufgesetzt. Niederösterreich

Innsbruck, Herzog-Friedrich-Straße:
Laubengänge
Links: Das Goldene Dachl wurde um 1500 von Maximilian I. als Zuschauerloge
für die kaiserliche Familie bei öffentlichen Spielen auf dem Stadtplatz errichtet

63

Der Hauptplatz in Eggenburg. In der Mitte das „Grätzel“, eine freistehende Häusergruppe inmitten des Stadtplatzes.
Hier und in Wiener Neustadt finden sich zwei der wenigen erhaltenen Plätze dieser Art. Niederösterreich

Am Oberen Markt in Weyer an der Enns im Gebiet der „Eisenwurzen": Spätgotischer Bau mit barockisierter Fassade.
Die Zahl der Pfeiler weist auf die Wohlhabenheit der Hammerherrn hin.
Rechts: Salzburg, Hofmarstallschwemme mit Rossebändigergruppe von Bernhard Michael Mandl, 1695

Melk an der Donau. Details aus dem Fassadenstück am Posthaus, entstanden unter Postmeister Josef von Fürnberg, 1792.
Fürnberg erbaute auch die Posthäuser in Luberegg, Gutenbrunn und Purkersdorf, Niederösterreich

Blick vom Rathausplatz auf das Stift Melk, Niederösterreich
Folgende Seite: Der Stadtbrunnen in Wels, Oberösterreich

FRAUEN

„Aber diese Frau lebt noch weiter, blickt lieblich aus groß geöffneten, wasserblauen Augen. Die Haut ist mädchenhaft frisch, der Mund spricht soeben. Keine Licht-Schatten-Gelegenheit wird versäumt, um Bewegung zu schaffen. Und diese kommt ganz aus der Tiefe herauf und durchspielt ruhelos das Herz dieser Frau, ihren Atem, ihre Milde, ihre Lieblichkeit, und kommt bis an die Oberfläche."

Franz Eppel

Maria vom Pacher-Altar in St. Wolfgang (1481), Oberösterreich

Hl. Scholastica vom Schwanthaler-Altar in St. Wolfgang, Oberösterreich

Margareta von Sandizell, 1516. Schloßkapelle Sierndorf, Niederösterreich

Kaiserin Eleonore von Portugal, Gemahlin Kaiser Friedrichs III. Tumbadeckel,
wohl von Niclas Gerhaert van Leyden. Wiener Neustadt, Neukloster, Niederösterreich

Elisabeth, Gemahlin Albrechts I. (1516). Maximilianmonument in der Innsbrucker Hofkirche, Tirol

Schutzmantelmadonna von Schwanthaler, um 1670. Pfarrkirche Andorf im Innviertel, Oberösterreich
Folgende Seiten: Atalante. Wiener Hofkünstler um 1725. Im Vestibül des Schlosses Eckartsau, Niederösterreich –
Maria, Gnadenbild aus Kunststein (1425), Hochaltar in Maria Saal, Kärnten

Figuren vom Leopoldsbrunnen in Innsbruck von Kaspar Gras (1632).
Oben Moosjungfrau, rechts Amphitrite. Tirol

Madonna auf der Mariensäule von Wolfgang und Johann Baptist Hagenauer, 1766 bis 1771, Domplatz, Salzburg
Links: Andromeda von Raphael Donner, Bleifigur aus dem Jahre 1741. Altes Rathaus, Wien

Für Graf Kinsky und dessen „lebenshungrige
Gemahlin" schuf Lorenzo Mattielli 1731
Figurengruppen im Schloß Eckartsau,
Niederösterreich. Arethusa (links), Daphne (rechts)

Figuren an der Wientalpromenade von Franz Klug, um 1900, Wien. Oben: „Frühling", rechts: „Sommer"

Folgende Seite: Madonna von Michael Pacher in der Franziskanerkirche, Salzburg

DIE KAMINE VON AMBRAS

„Auch das Äußere ist einfach; den belebenden,
heiter-reizvollen Akzent bilden oben auf dem
Dach, jeder vom anderen in Form und Bema-
lung verschieden, die neunzehn Kamine.
Phantasiegebilde von Vasen, Häusern, Tem-
peln nachahmend, geschmückt mit dekorativer
Ornamentik, darunter auch in Flammen und
Feuersteinen des Goldenen Vlieses."

Lilly von Sauter

Die folgenden Seiten zeigen Details der Kamine von Ambras, Tirol

GRABMÄLER DER GESCHICHTE

„Wer sich im Leben kein Gedächtnis macht, wird mit dem Glockenton vergessen."

Kaiser Maximilian I.

„Vorrecht bleibt ihnen noch im Tod. Da liegen sie in ihren eigenen Kapellen ... in weißen Stein gehauen, die Gesichter streng und klar, mit betend emporgereckten Händen die Ewigkeit erwartend, die ihnen noch vollere Herrlichkeit bescheren würde."

Golo Mann

Herzog Rudolf IV. und seine Gemahlin Katharina (um 1378), Freigrab im Stephansdom, Wien
Rechts: Ulrich der Jüngere von Schaunberg (gest. 1398), gotisches Hochgrab in der Stiftskirche Wilhering, Oberösterreich

Kaiser Friedrich III., Detail der Liegefigur vom Freigrab (1467 bis 1513)
von Niclas Gerhaert van Leyden. Stephansdom, Wien
Links: Gunthergrab. Hochgrab des sagenhaften Sohnes Herzog Tassilo III. vor 1304.
Läuthaus der Stiftskirche Kremsmünster, Oberösterreich

Maximilianmonument
in der Hofkirche,
Innsbruck.
Links Elisabeth,
Gemahlin Albrechts I.,
rechts: Figur des
knienden
Kaisers Maximilian I.,
im Vordergrund die
„schwarzen Mander".
Tirol

Philippine Welser, Gemahlin Erzherzog Ferdinands.
Grabmal von Alexander Colin, 1581, in der silbernen Kapelle der Hofkirche in Innsbruck, Tirol
Rechts: Grabmal Erzherzog Karls und seiner Gemahlin, Erzherzogin Maria, von Sebastian Carlone.
Im Mausoleum Kaiser Ferdinands II., Graz, Steiermark

Grabwächter vom Mausoleum des Türkenbesiegers Ruprecht von Eggenberg, um 1614. Ehrenhausen, Steiermark

Mausoleum der Eggenberg, um 1614, Ehrenhausen, Steiermark

Tumbadeckel in der Starhembergschen Gruftkapelle, 16. Jahrhundert, Hellmonsödt, Oberösterreich
Links: Reichsgraf Joachim Enzmillner rühmte sich, 40.000 Ketzer bekehrt zu haben. Stellt vielleicht deshalb der
Künstler den
Schöpfer der „Topographia Windhageriana" in spanischer Hoftracht dar? Enzmillners Büchersammlung bildete
übrigens den
Grundstock der Wiener Universitätsbibliothek. Um 1659, Münzbach, Oberösterreich

Freigrab des Johann Georg III., Freiherr von Kuefstein, von Alexander Colin, 1607. Maria Laach, Niederösterreich

Grabmal Erzherzog Maximilians, des „Deutschmeisters", von Hubert Gerhart, 1620. Stadtpfarrkirche Innsbruck, Tirol

Detail vom Sarkophag der Kaiserin Elisabeth Christina von Balthasar Moll, 1751. Kapuzinergruft, Wien
Rechts: Zinnsarkophag für Kaiserin Maria Theresia und ihren Gemahl Franz Stefan von Lothringen
von Balthasar Moll. Kapuzinergruft, Wien
Folgende Seite: Büsten der im italienischen und ungarischen Feldzug 1848/49 dekorierten Soldaten,
vom Gemeinen bis zum General. Heldenberg bei Klein-Wetzdorf, Niederösterreich

Karoline Lagler,
geb. Karasek,
Fleischhauer u. Hausbesitzersgattin,
geb. am 22. Dezember 1869,
gest. am 27. April 1910.

Grabtafel, 1910. Zentralfriedhof, Wien
Vorhergehende Seite: Gußmetallfigur auf dem Heldenberg bei Klein-Wetzdorf, Niederösterreich

TIROLER HAUSMALEREI

„In mehreren Städten sind die Häuser mit verschiedenfarbigem Anstrich gemalt; man sieht da die Figuren von Heiligen, Ornamente aller Art, die zwar nicht sehr geschmackvoll sind, aber sie bringen Abwechslung in das Äußere der Wohnungen und scheinen den wohlgesinnten Wunsch zu bekunden, den Mitbürgern und den Fremden zu gefallen. Der Prunk und der Glanz eines Palastes dient der Eigenliebe seines Besitzers; aber die sorgsame Ausschmückung, die Aufmachung kleiner Häuser und die gute Absicht, die hieraus spricht, haben etwas Gastfreundliches."

Madame de Staël

Gasthof „Schwarzer Adler",
klassizistische
Fassadenmalerei, Johann
Jakob Zeiller zugeschrieben,
Reutte, Außerfern

Gasthof „Post", Fassadenbemalung aus dem 17. und 18. Jahrhundert, teils von Christof Anton Mayr, Söll, Sölltal
Links: Fulpmes, Stubaital

Gasthaus „Stern", architektonische und figurale Darstellungen, bezeichnet 1573 und 1815. Ötz im Ötztal

Haus Mages, Fassadenmalerei, möglicherweise von Josef Degenhart, 1766. Holzgau im Lechtal

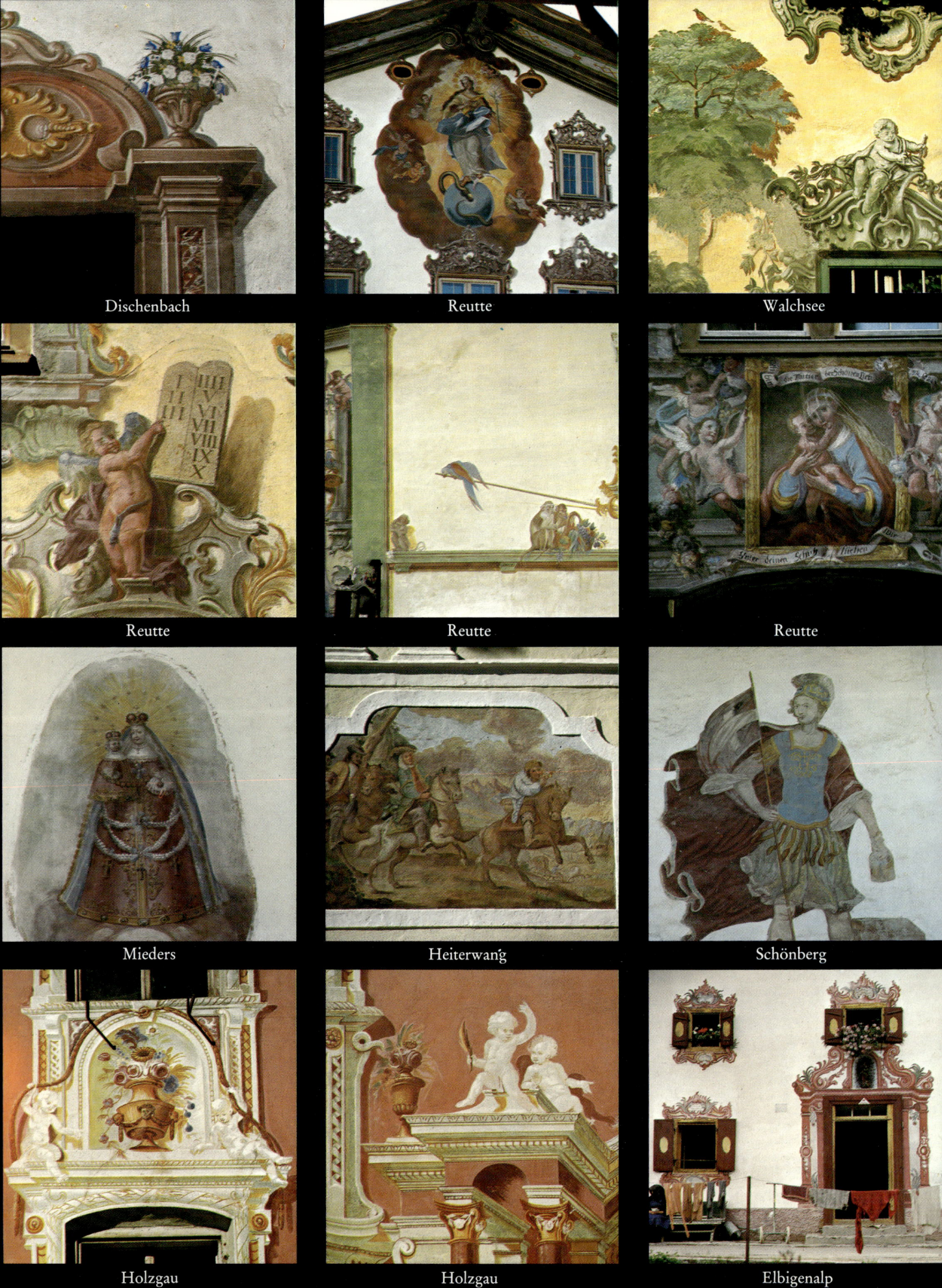

Dischenbach

Reutte

Walchsee

Reutte

Reutte

Reutte

Mieders

Heiterwang

Schönberg

Holzgau

Holzgau

Elbigenalp

Elbigenalp-Obergiblen

Elbigenalp-Obergiblen

Elbigenalp-Obergiblen

Ladis

Ladis

Ladis

Höfen

Hägerau

Holzgau

Wenns

Holzgau

Wenns

Unten: Gasthof Baldauf, Fassadenmalereien
aus dem 18. Jahrhundert, Leibelfing-Unterpettnau
Ganz unten: Fulpmes, Stubai
Rechts: Der hl. Georg tötet den Drachen. Holzgau im Lechtal

Kundl

Mieders

Reutte

Navis

Kundl

Walchsee

128

Fassadenmalerei am Gemeindehaus in Holzgau im Lechtal
Folgende Seite: Detail eines Oberinntaler Bauernhauses, Fulpmes im Stubaital

ENGEL, APOSTEL UND HEILIGE

„Die erste Gestalt windet sich erst aus der Erstarrung, aus dem Stein, dem sie entstammt, empor zum Licht, das sie von oben trifft. Ihre erst werdenden Züge umspielt tiefes Staunen. Der zweite Engel hat die Gottheit erschaut. Der Erschaffene wendet sich beim entschleierten Anblicke des Schöpfers bebend und erschauernd ab, zurück ins Dunkel. Der dritte Kniende, der schönste nicht allein dieser Reihe, sondern wohl das beseelteste Menschenbild barocker Kunst, hat den Blick wieder still vertrauend in die lichte Höhe gehoben. Er läßt seine Seele dem Höchsten entgegenfliegen. Auf seinen Zügen, die von dem reinen Schwung abstrakter Kurven gebildet sind, glüht leuchtend und verklärend der Glanz des offenen Himmels. Es ist, als erhebe er sich zum letzten Flug. – Der letzte Engel ist nicht mehr von dieser Welt. Des höchsten Lebens teilhaftig, strahlt er in Seligkeit, leuchtet in eigenem Licht.‟

Heinrich Decker

Hl. Judas Thaddäus, um 1500, von Lorenz Luchsperger. Stadtpfarrkirche Wiener Neustadt, Niederösterreich
Vorhergehende Seiten: Unbekannter Meister um 1490, der Kefermarkter Altar. Links hl. Christophorus, rechts hl. Wolfgang
Rechts: Hl. Sebastian, wahrscheinlich von Lorenz Luchsperger. Stadtpfarrkirche Wiener Neustadt, Niederösterreich

Engel aus einer unbekannten Werkstatt, um 1770. Seitenaltar im Neukloster, Wiener Neustadt, Niederösterreich

137   Filialkirche Kirchberg bei Eugendorf, Salzburg

Oben und rechts: Stuckengel von Franz Josef Holzinger, 1734/35. Hochaltar der Stiftskirche Altenburg, Niederösterreich

Hl. Georg von Meinrad Guggenbichler, 1705 bis 1707. Kirchberg, Salzburg
Rechts: Engel aus einer unbekannten Werkstatt, 1740, von einem Seitenaltar im Neukloster, Wiener Neustadt, Niederösterreich

Hl. Johannes

Seite 142–145: Sechs der zwölf Aposteldarstellungen, die als bedeutendste Leistung der Judenburger Schule gelten und Johann Nischelwitzer (1750) zugeschrieben werden. Judenburg, Steiermark

Hl. Matthäus

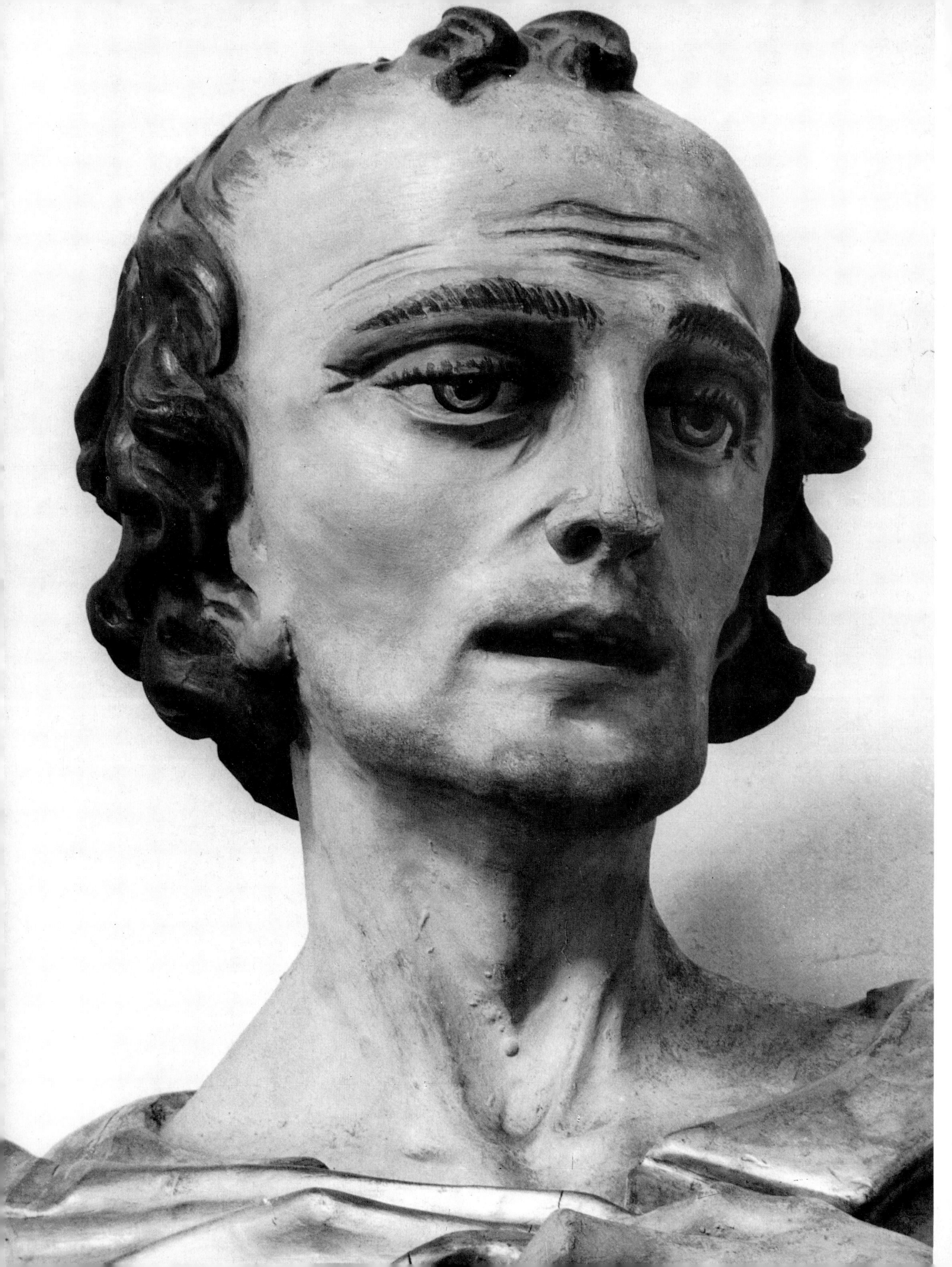

Hl. Jakobus Minor

Folgende Seiten: Engel, unbekannte Werkstatt um 1720.
Aus der Gruftkapelle der Grafen Schönborn. Göllersdorf, Niederösterreich

Hl. Thomas

Hl. Johannes

145

Hl. Bartholomäus

Engeldarstellungen von Michael Zürn dem Jüngeren, um 1683. Stift Kremsmünster, Oberösterreich

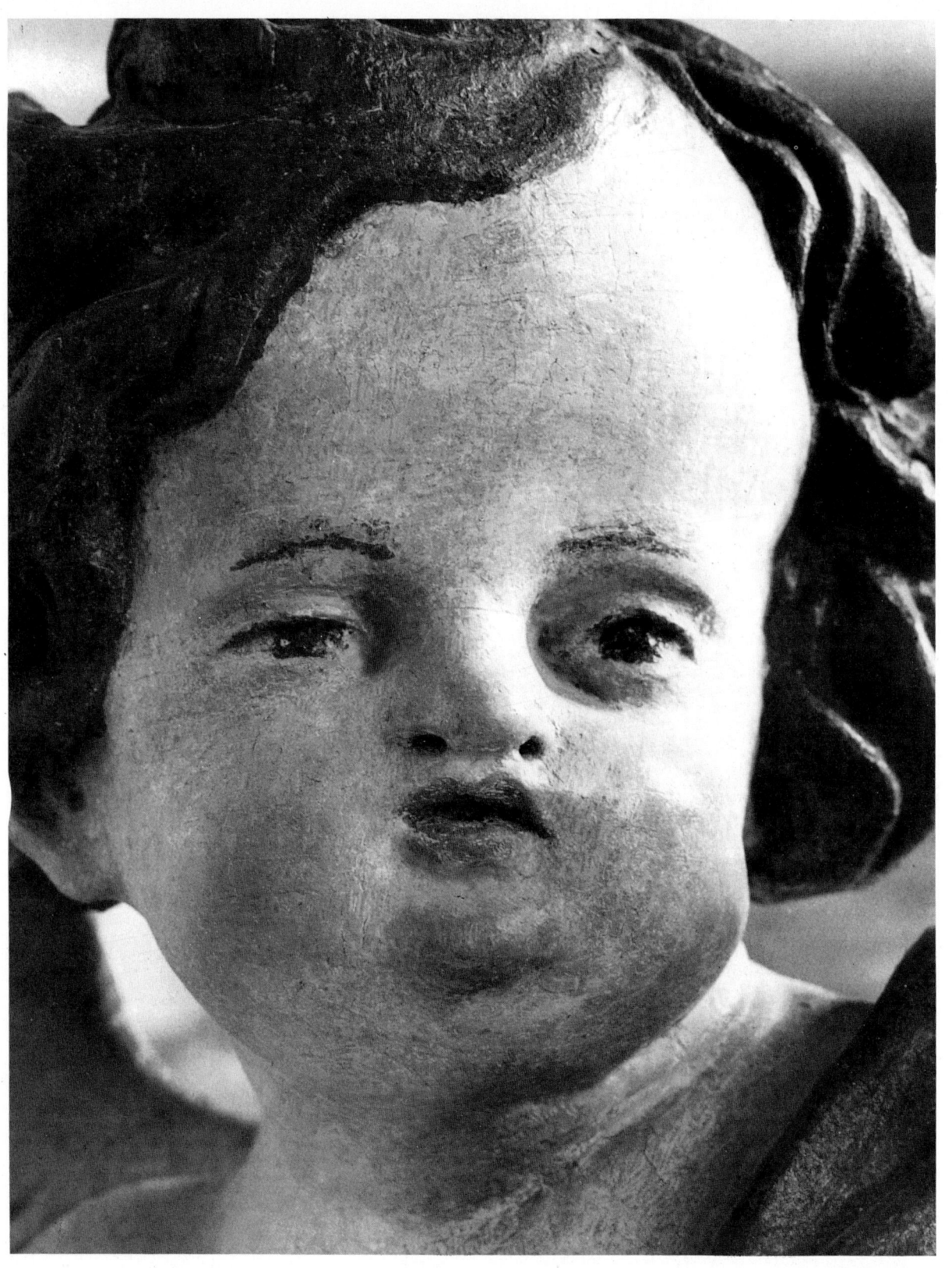

Oben: Engel von Thomas Schwanthaler. Eberschwang, Oberösterreich
Rechts oben: Putten von Meinrad Guggenbichler, 1682/84, vom Corpus-Christi-Altar. Mondsee, Oberösterreich
Rechts unten: Putte von Thomas Schwanthaler, Maria Plain, Salzburg

153

Plastiken von Meinrad Guggenbichler, 1691, vom Hochaltar im Stift Michaelbeuern, Salzburg
Oben: Hl. Rupert von Salzburg, rechts: Ulrich von Augsburg

Hl. Christophorus von Thomas Schwanthaler, 1675, St. Wolfgang, Oberösterreich
Links: Hl. Benedikt von Meinrad Guggenbichler, Mondsee, Oberösterreich

Engel von Franz Josef Holzinger, 1734/35, Hochaltar im Stift Altenburg, Niederösterreich

KÄRNTNER STADELN

„Gott hatte in milder Stunde den Willen,
Dem jagenden, fliehenden, kämpfenden Leben
Die Melodie der Ruhe zu geben.
So ersann er das tönende Wunder der Grillen
Und hieß ihr Geläute aus Tiefen sich heben
Und sanft sich dem Samte der Wiesen verweben,
Um alle Unruh der Welt zu stillen."

Arthur Fischer-Colbrie

Reipersdorf bei St. Veit an der Glan

Die Kärntner Landschaft, besonders die Gegend um das Krapp- und Zollfeld, wird beherrscht von riesigen Scheunen mit „Kreuzelstich". Ihre Fenster sind nämlich mit sogenannten Luftgittern versehen, durch die die trockene Aufbewahrung der Feldfrüchte ermöglicht wird. Diese aus Ziegeln gebauten Luftgitter sind in den verschiedenartigsten Ornamenten zusammengestellt und vielleicht der letzte Rest gewachsener Volkskunst.

Hochosterwitz

Links: Bei Niederosterwitz
Unten: Bei Karnburg, Zollfeld

Krumpendorf am Wörther See

Oben: Feldkirchen – Auf dem Krappfeld
Unten: Straßburg bei Gurk – Auf dem Krappfeld

Bei Niederosterwitz

Reipersdorf

HINTER DEM ARLBERG

„Berge mit Wäldern und Seen,
Schneehang und Wildbachgedröhn,
heiliges Herdengeläut,
Bienensang, Feldeinsamkeit.
Ach, in die magdliche Früh
beugt sich mit Schauern das Knie;
groß und rein,
ungemein
stürmt es auf die stille Seele ein."
Josef Weinheber

Schoppernau, Bregenzerwald

Wie Puppenhäuser in die Landschaft gesetzt wirken die Häuser des Bregenzerwaldes
mit ihren bunten Fensterläden und schuppigen Schindelverkleidungen.

Gasthaus „Taube", Andelsbuch, Bregenzerwald

Häuser im Gebiet von Langenegg und Müselbach, Bregenzerwald

Hirschau, Bregenzerwald

Zwei typische Rheintalhäuser in Dornbirn.
Oben Schmelzhüttenstraße, rechts das sogenannte „Rote Haus", erbaut 1634

Langenegg, Bregenzerwald

Andelbuch, Bregenzerwald

JÄGER UND BAUERN

„Sie pflügen, düngen, warten ihre Kühe,
Sie bangen, geben sich unsagbare Mühe,
Und tragen manches Mißjahr mit Geduld;
Sie sind kaum an dem steten Wechsel schuld."
Theodor Kramer

Schützenhauptmann aus Grödig, Salzburg
Rechts: Lederhose eines Bauern aus dem Pongau, Salzburg

Wildererbild, von frischen Latschenzweigen umrahmt. Walehenalm bei Filzmoos, Salzburg

Alte Schützenscheiben auf einem Gasthof in Reitdorf im Pongau, Salzburg
Folgende Seiten: Turm der Frauenkirche in Bischofshofen, Salzburg –
Bergbauer aus Taxenbach im Pinzgau, Salzburg

Die Unterdaxbachbäuerin aus Goldegg im Pongau, Salzburg
Rechts: Bäuerinnen aus Altenmarkt im Pongau in der Kirche. Salzburg

Oberösterreichische Bauern

Oben: „Vierkanter" bei St. Florian, Oberösterreich.
Die braun-weiße Bänderung ist typisch für die Florianer Gegend
Rechts: Vierkantbauernhof

Hoftor eines Bauernhauses in Kirchheim im Innviertel, Oberösterreich

Ökonomierat aus dem Marchfeld, Niederösterreich

Oben und rechts: Details von einem alten Einkehrgasthof in Sierninghofen bei Steyr, Oberösterreich

Folgende Seite: Wirtsstube in Zwickledt. Innviertel, Oberösterreich

DIE KELLERGASSE

„Da und dort ein Tor
hat noch breiten Schwung,
Buschen grün davor
lädt wie einst zum Trunk . . .“
Josef Weinheber

Weingärten und alte Weinkeller bei Straß,
Niederösterreich

Weinbauer aus Rohrendorf, Niederösterreich 198

199

Lößterrassen im Weingebiet von Krems, Niederösterreich

Kellergasse in Groß-Nondorf, Weingebiet Retz, Niederösterreich
Links: Weinbauer aus Haugsdorf, Weingebiet Retz, vor seinem Keller. Niederösterreich

Weinkeller in Haugsdorf, Niederösterreich
Rechts: Kellergasse in der Lößlandschaft von
Rohrendorf, Weingebiet Krems, Niederösterreich

Kellergasse bei Röschitz, Niederösterreich

Niederösterreichischer Weinbauer bei der Weinkost
Folgende Seiten: Alte Weinkeller im Löß bei Rohrendorf, Niederösterreich

Kellergasse in Breitenbrunn am Neusiedler See, Burgenland

Ein schwerer Stein mit Griffmulden verschließt die Lüftungsöffnung,
die nur während der Gärungszeit offensteht. Breitenbrunn, Burgenland

Kellergasse im Retzer Weingebiet, Niederösterreich

AM RANDE DER TIEFEBENE

„Auf einem jeden Kamin in Rust haben die Störche ihre Nester gebaut; eine Häuserzeile wandert vorüber, voller Einfälle, gelb getönt in orientalischem Barock. (Wir sind hier Europa so ferne wie im südlichen Portugal oder in Borgo oder Abo.) Dann wieder ein kroatisches Dorf: saubere weiße Häuser mit der ein- oder zweifenstrigen Schmalseite gegen die Straße gewendet, schneeüberschüttet, mit den üppigen Trauben gelber Maiskolben behängt."

Reinhold Schneider

Sonntagnachmittag. Kroatische Bäuerinnen aus Oslip bei Eisenstadt, Burgenland
Links: Bauer aus dem Seewinkel, Burgenland

Auf der Dorfstraße werden die
Früchte des Landes feilgeboten. Weiden, Burgenland

216

St. Margarethen, Burgenland
Rechts: Hof in St. Margarethen, Burgenland
Folgende Doppelseite: Winternachmittag in Wallern im Seewinkel, Burgenland
Seite 222: Die „Reiche": Um die Brandgefahr zu verringern, mußten die Häuser in einem
bestimmten Abstand voneinander errichtet werden: Trausdorf bei Eisenstadt, Burgenland

NACHWORT

Dieses Buch entstand wie alle meine Bücher: aus Liebhaberei. Aus Österreich-Liebhaberei. Ich zeige hier vieles von dem, was ich in diesem Land liebe. Und als die Arbeit abgeschlossen war und ich in einem Haufen von Andrucken kramte, fiel mir auf, daß dies ein Beitrag zum oft geschmähten „Jahr des Denkmalschutzes" ist. Mein Beitrag. Wenn er auch weit über das hinausgeht, was streng systematisch denkende Kunsthistoriker unter „Denkmälern" verstehen. In und mit dieser Welt leben wir Österreicher.

Die Waldhäuser Vorarlbergs. Die mit zweckmäßig-kunstvollen Luftgittern versehenen Stadeln der Kärntner Bauern. Die Kellergassen der Weinbauern im Burgenland und in Niederösterreich. Alte Städte und Plätze: Waidhofen, Retz, Langenlois ... Vergangenes und Gegenwärtiges fließen da ineinander, repräsentieren das *eine* Österreich. Nein, es ist kein Museum, in dem die Menschen hier leben. Und doch sollte man all das erhalten: bis hin zum einfachsten Stall. Er ist „lebensgerechter" als Betonmauern. Solange wir in und mit dieser Umwelt leben, ist dieses Land kein Museum.

Ich komme von einer vor wenigen Jahren noch avantgardistischen, heute klassischen Kulturzeitschrift her. Extrem Modernes war und ist auch mir stets Anliegen gewesen. Doch: Was schön ist, ist zu allen Zeiten schön; was gut ist, ist zu allen Zeiten gut. Nichts gegen die Moderne, alles gegen einen weiten Kreisen oktroyierten, billigsten Modernismus.

Dieses Buch entstand aus Liebhaberei zu diesem Land?

Aus Liebe.

QUELLENVERZEICHNIS

„ALTE STÄDTE, ALTE PLÄTZE":
„Rais-beschreibung" des Bildhauergesellen Franz Ferdinand Ertinger
aus Immenstadt von 1690 bis 1697.

„FRAUEN":
Franz Eppel, „Ein Weg zur Kunst", Salzburg, Verlag St. Peter 1965.

„DIE KAMINE VON AMBRAS":
Lilly von Sauter, „Ein Schloß in Tirol". Aus der Zeitschrift „Du –
Atlantis", Heft 302, April 1966, Zürich.

„GRABMÄLER DER GESCHICHTE":
Aus Kaiser Maximilian I., „Weißkunig".
Aus Golo Mann, „Wallenstein", Frankfurt, S. Fischer Verlag o. J.

„TIROLER HAUSMALEREI":
Madame de Staël, „Über Deutschland".

„ENGEL, APOSTEL UND HEILIGE":
Dr. Heinrich Decker, „Barockplastik in den Alpenländern", Wien,
Wilhelm Andermann Verlag 1943.

„KÄRNTNER STADELN":
Arthur Fischer-Colbrie, „Der ewige Klang", Linz a. d. Donau, Verlag
H. Muck 1945.

„HINTER DEM ARLBERG":
Josef Weinheber, aus dem Gedicht
„Lob der Heimat" in „Wien wörtlich", Hamburg, Verlag Hoffmann
und Campe, 1973.

„JÄGER UND BAUERN":
Theodor Kramer, aus dem Gedicht „Das Grundbuch von St.
Margarethen" in „Mit der Ziehharmonika", Wien, Gsur-Verlag, 1936.

„KELLERGASSE":
Josef Weinheber, aus dem Gedicht „Alt-Ottakring" in „Wien
wörtlich", Hamburg, Verlag Hoffmann und Campe, 1973.

„AM RANDE DER TIEFEBENE":
Reinhold Schneider, „Winter in Wien", Freiburg im Breisgau, Verlag
Herder, o. J.